ZIELFÜHRENDES PROJEKTMANAGEMENT

Methoden zum erfolgreichen Durchführen von Projekten

ZIELFÜHRENDES PROJEKTMANAGEMENT

Methoden zum erfolgreichen
Durchführen von Projekten

Verfasst von Nicolas Zinque
Übersetzt von Leonie Kremer

Für die Arbeitswelt 50MINUTEN.de

ZIELFÜHRENDES PROJEKTMANAGEMENT

- **Ziel:** ein Projekt durchführen und erfolgreich abschließen
- **Anwendung:** Um private oder berufliche Projekte erfolgreich durchzuführen, bedarf es einer sorgfältigen Arbeitsweise, aber vor allem einer gründlichen Vorbereitung nach konkreten Regeln.
- **Arbeitskontext:** Projektmanagement, Management, Persönlichkeitsentwicklung etc.
- **FAQ:**
  - Haben alle Projektleiter die gleichen Aufgaben?
  - Wie viel Zeit sollte ich der Vorbereitung, Durchführung und Nachbereitung widmen?
  - Was ist, wenn das Budget oder die Fristen nicht eingehalten werden können?
  - Ist es möglich, mehrere Projekte gleichzeitig zu managen?
  - Wie gehe ich am besten vor, wenn ich kurzfristig die Projektführung übernehme?
  - Wie delegiere ich Arbeit?

EINLEITUNG

Ob Sie es sich gewünscht haben oder nicht, Sie wurden zum Projektleiter ernannt! Erst einmal Glückwunsch dazu, denn das bedeutet, dass Ihre Kompetenzen anerkannt wurden. Nun liegt es an Ihnen zu beweisen, dass dieses Vertrauen in Ihre Fähigkeiten begründet ist.

Allerdings bedeutet Projektmanager zu sein, mehr als diesen Titel zu tragen. Jeder von uns wird täglich – ob es nun im Beruf oder Privatleben ist – mit dieser Aufgabe konfrontiert: von Essensvorbereitung oder Renovierungsarbeiten bis hin zur Urlaubsplanung. In Ihrer Karriere haben Sie bestimmt schon einmal an einem Projekt gearbeitet und auf diese Erfahrung können Sie nun aufbauen.

Nichtsdestotrotz ist es keine einfache Aufgabe, ein effizienter Projektleiter zu sein – sei es im Unternehmen oder privat. Projektmanagement stellt eine regelrechte Herausforderung dar, die einerseits sehr aufregend und erfüllend sein kann, andererseits aber auch mit großem Druck einhergeht. Als Hauptverantwortlicher fällt sowohl die Terminplanung, das Einhalten der Deadlines und des Budgets als auch die Teamleitung in Ihren Aufgabenbereich. Darüber hinaus werden Sie Kunden und Vorgesetzte über die Projektentwicklung auf dem Laufenden halten, egal wie das Ergebnis aussieht... Setzen Sie deshalb alles an den Erfolg des Projekts!

Dieser Ratgeber richtet sich an alle ehrgeizigen Projektleiter und an diejenigen, die Ihre Kompetenzen auf diesem Gebiet vertiefen wollen. Er kann ebenfalls für alle Beteiligten des Projekts interessant sein, denn obwohl die Verantwortung vom Chef getragen wird, hängt der Projekterfolg stark von seinem Team ab. Also starten Sie durch!

PROJEKTMANAGEMENT: DIE GRUNDLAGEN

GRUNDPRINZIPIEN

Was ist ein Projekt?

Die Antwort scheint auf der Hand zu liegen… aber Moment! Ein Projekt besteht aus mehreren Tätigkeiten (oder Aufgaben), die zu einem bestimmten Ziel hinführen. Dabei werden zeitliche, materielle, finanzielle und personale Ressourcen festgelegt und eingehalten. Ein Projekt besteht daher aus:

- ein oder mehreren präzisen, spezifischen Ziele(n), die erreicht werden sollen
- ein zeitlicher Rahmen, der eingehalten werden muss
- Ressourcen, wie Budget, Mitarbeiter und nötige technische Hilfsmittel

Jedes Projekt ist zeitlich begrenzt, denn selbst wenn die Durchführung mehrere Monate oder gar Jahre andauert, gibt es immer eine bestimmte und zeitlich festgelegte Frist.

Was ist Projektmanagement?

Projekte wurden noch nie so viel untersucht und analysiert wie in den vergangenen Jahren. In unserer heutigen Gesellschaft, wo Unternehmen in ständiger Konkurrenz miteinander stehen, muss Projektmanagement so exakt wie möglich durchgeführt werden, damit es überhaupt möglich ist, Marktführer zu werden. Man könnte schon fast von einer Wissenschaft für sich sprechen, da es zahlreiche Hilfsmittel und Methoden gibt, die die Qualität Ihres Projekts, ebenso wie die Durchführung verbessern, und schließlich Ihre Erfolgschancen optimieren sollen. Konkret gesagt können Sie dank Projektmanagement:

- ein Projekt planen und durchführen
- Ihre Leistung mit effektiver Organisation und Aufgabenverteilung steigern
- mögliche Schwierigkeiten analysieren, antizipieren und vor allem bewältigen
- sich an Veränderung und unerwartete Probleme anpassen
- ein Team leiten

Die Rolle des Projektleiters

Der Projektleiter ist gleichzeitig das Herz und der Kopf des Projekts. Er gibt sich nicht mit der Planung allein zufrieden, sondern leitet die tägliche Arbeit und führt sein Team. Dabei reicht es nicht, nur Anweisungen zu geben, denn er muss bei seinen Mitarbeitern ebenfalls die Leidenschaft für das Projekt entfachen. Zu den Aufgaben gehören:

- Erreichen des Ziels unter Einhaltung der Anforderungen
- Teamzusammenstellung und -leitung
- Verfolgung des täglichen Projektfortschritts sowie Anpassung der Planung, wenn nötig
- Management von Unvorhergesehenem

Für diese Aufgaben sind folgende Fähigkeiten unerlässlich:

- Verantwortung übernehmen
- Initiative ergreifen und schwierige Entscheidungen treffen
- die geeigneten Mitarbeiter um sich versammeln
- effizient kommunizieren
- stressige Situationen meistern
- antizipieren

Selbst wenn Sie nicht der geborene Leader sein sollten, können Sie sich dennoch Kompetenzen in diesem Bereich aneignen:

> Als ich vor 20 Jahren in meinen Beruf gekommen bin, wusste ich nicht, wie ich mich als Leader verhalten muss und konnte meine Leidenschaft nicht vermitteln. Noch schlimmer war, dass meine unterstellten Mitarbeiter mir nicht zugehört haben. Eines Tages fragte mich dann eine Freundin, die Fußballtrainerin ist, ob ich sie vor einem Spiel in die Umkleidekabinen begleiten möchte, um zu sehen, wie sie ihre Mannschaft motiviert. Ich habe es nie bereut, Ja gesagt zu haben! Nach ihrem Vorbild habe ich gelernt, mich zu behaupten, meine Worte mit Bedacht zu wählen, wenn nötig meine Stimme zu heben oder auch entgegenkommend zu sein. (Boris, IT-Projektmanager)

Die drei Phasen des Projektmanagements

Gutes Projektmanagement basiert auf drei Schritten:

- Vorbereitung, während der Sie den Ablauf Ihres Projektes planen
- Umsetzung Ihres Plans
- Nachbereitung, während der Sie eine Bilanz des abgeschlossenen Projekts ziehen können

Es ist nicht empfehlenswert, ein Projekt ohne vorherige Planung durchzuführen. Das kommt Ihnen vielleicht offensichtlich vor, aber es gibt immer wieder Menschen, die sich blindlings in ein Projekt stürzen, weil sie denken, dadurch Zeit zu sparen. Vermeiden Sie diesen häufigen Fehler, denn auch wenn Sie sicherlich etwas Zeit in die Vorbereitung investieren müssen, wird es sich auf lange Sicht dennoch auszahlen.

VORBEREITUNG

Die Vorbereitungsphase wird oftmals abgekürzt oder übersprungen. Mit diesem fatalen Fehler fahren Sie jedoch direkt gegen die Wand. Dieser Schritt ist deshalb so maßgebend, weil Sie dadurch:

- das Projektziel im Einklang mit den Bedürfnissen/Vorgaben des Unternehmens definieren
- einen Zeitplan etablieren
- die Projektorganisation auf die Beine stellen
- ein Budget und Lieferfristen setzen
- Ihr Team zusammenstellen

Den Zweck und das Ziel des Projekts definieren

Egal in welcher Situation und ob Sie der Initiator des Projekts sind oder nicht, sollten Sie sich als erstes fragen: „Welchem Zweck (innerhalb des Unternehmens) dient das Projekt". Der Erfolg des Projekts wird dadurch definiert, inwieweit es diesen Zweck erfüllt.

TIPP FÜR PROJEKTLEITER UND -LEITERINNEN

Es ist möglich, dass Ihr Projekt in Konkurrenz mit anderen betriebsinternen Projekten steht und die Ressourcen aufgeteilt werden müssen. Das Projekt, das am meisten zu den Unternehmenszielen beiträgt, wird daher bevorzugt behandelt. Aus diesem Grund ist es so wichtig, dass Sie den Zweck Ihres Projekts kennen.

Die Unternehmensanforderungen definieren also die Projektziele. Wenn sich das Unternehmen beispielsweise auf dem Smartphone-Markt etablieren möchte, könnte das Projekt darin bestehen, ein Modell herzustellen, dessen Produktionskosten zwischen 90 und 100 € liegen und das trotzdem über die neuste Technologie verfügt. Ein Projekt muss aber nicht zwingend ein Produkt sein, es kann sich genauso gut um eine Dienstleistung handeln (die Aufführung eines Theaterstücks, die Verbesserung des Kundenservices etc.). Ein gutes Ziel erfüllt die folgenden drei Kriterien:

- Es ist präzise.
- Es ist realistisch.
- Es ist messbar (das Erreichen des Ziels muss durch eine Auswertung bestätigt werden).

TIPP

Wenn Sie nach der Auswertung merken, dass Ihr Projekt nicht richtig – oder gar nicht – der Anforderung des Unternehmens entspricht, müssen Sie noch einmal ganz von vorne anfangen. Manchmal kann es sinnvoller sein, es abzubrechen als zu riskieren, dass es in einem Fiasko endet.

Legen Sie ein Pflichtenheft an

Ihnen wurde offiziell die Leitung eines Projekts anvertraut. Um diese Aufgabe systematisch anzugehen und damit das Ziel von allen beteiligten Akteuren verstanden wird, sollten Sie ein Pflichtenheft anlegen. Die Einzelheiten werden sich im Dialog mit den betroffenen Parteien (Ihr Kunde und Ihre Geschäftsführung) ergeben:

- das Ziel und die Beschreibung der erwarteten Ergebnisse
- die Art und Weise der Ergebnisauswertung
- eine Abschätzung des Budgets und voraussichtliche Lieferzeiten
- Einschränkungen in Bezug auf Ressourcen
- eine Beschreibung der Vorgehensweise, mit der die Ziele erreicht werden sollen

Dieses Dokument enthält demnach das Gerüst des Projekts und legt den Rahmen fest. Es handelt sich dabei dementsprechend nur um die Basis: Erst während der Vorbereitung werden Sie sich dann näher mit dem Inhalt befassen. Diese Schritte werden in den folgenden Kapiteln beschrieben.

Auflisten und organisieren der Aufgaben

Wenn das Pflichtenheft erst einmal erstellt ist und seitens des Kunden und Ihres Unternehmens bestätigt wurde, besteht Ihre erste Aufgabe darin, alle für die Durchführung des Projekts nötigen Aufgaben aufzulisten. Dieser Schritt ermöglicht es Ihnen, unter anderem die Einhaltbarkeit der Fristen zu bewerten und die Profile zu definieren, die Sie in Ihrem Team benötigen. Hierbei wird Ihr Projekt so weit wie möglich spezifiziert und in durchzuführende Arbeiten unterteilt.

ZUSATZINFORMATION: DURCHZUFÜHRENDE ARBEITEN

Bei der durchzuführenden Arbeit handelt es sich um ein zwischenzeitlich messbares Ergebnis (Produkt, Dokument etc.), das die Vollendung eines Projektteils markiert – oder das Projekt selber, wenn es sich um das finale Ergebnis handelt. Pflichtenhefte, Entwürfe oder auch Berichte halten die Entwicklung dabei fest.

Zur Projekteinteilung gibt es zwei Methoden:

- **Vom Allgemeinen zum Spezifischen:** Gehen Sie vom Ziel des Projektes aus und definieren Sie so die wichtigsten durchzuführenden Aufgaben. Danach zerlegen Sie auch diese auf die gleiche Art und Weise, in dem Sie überlegen, welche Zwischenziele dafür nötig sind und so weiter. Der Prozess hat erst dann sein Ende erreicht, wenn Sie nichts mehr aufteilen können und präzise die benötigte Zeit und die Ressourcen für die Durchführung jedes Zwischenziels abschätzen können. Bei einem großen Projekt ist es unmöglich, diese Methode alleine bis zum Ende durchzuführen. Deshalb können Sie einen Teil der Arbeit an Ihr Team delegieren, das auch in der Lage sein wird, bestimmte Aufgaben zu analysieren und deren Machbarkeit auszuwerten.
- **Vom Spezifischen zum Allgemeinen**: Machen Sie ein Brainstorming, um alle Aufgaben zu definieren, ohne sie dabei zu hierarchisieren. Danach können Sie sie in klar definierte Kategorien einordnen.

Beim Auflisten der Aufgaben werden Sie sie automatisch auch kategorisieren und priorisieren. Bringen Sie diese Einordnung in die Form eines Projektstrukturplans (PSP), wie es im nächsten

Schritt erklärt wird. Es handelt sich dabei um eine Projektorganisationsmethode, entwickelt vom amerikanischen Verteidigungsministerium in den späten 50er Jahren. Stellen Sie sich dazu vor, dass Sie ein Konzert auf Ihrem Campus organisieren. Sie können die Aufgaben dafür in die folgende Tabelle eintragen, die verschiedene Organisationsbereiche umfasst.

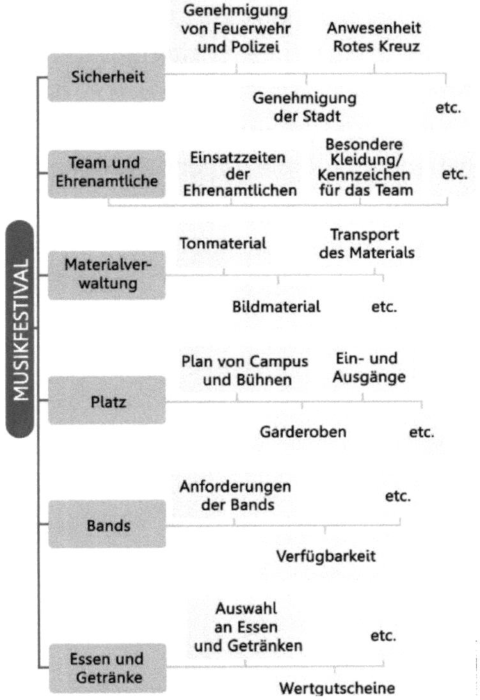

Wenn Sie das endgültige Organigramm erstellen, werden Sie sicherlich Aufschluss über die benötigten Ressourcen gewinnen (Welches Tonmaterial? Welches Bildmaterial?). Sie können darüber hinaus auch weitere Kategorien aufstellen, wie Budget, Deadlines etc. Stellen

Sie sicher, dass auch wirklich alle Aufgaben aufgelistet sind. Diese Methode, bei der jede Etappe des Projekts geplant wird, nennt man die „100 %-Regel". Einfach zusammengefasst bedeutet diese Regel, dass Aufgaben unterteilt und in einer Tabelle festgehalten werden, die den gesamten Arbeitsumfang enthält, nicht mehr (da sonst einige Aufgaben redundant wären) und nicht weniger (es dürfen keine Aufgaben fehlen).

Das Projekt im ersten Beispiel wurde nach den verschiedenen Bereichen, die bei dieser Veranstaltungsart zu organisieren sind, eingeteilt. Es ist jedoch ebenfalls möglich, die Tätigkeiten nach Abteilungen (im Unternehmen), Kostenarten ebenso wie chronologischen Schritten (wie im folgenden Beispiel), zu gruppieren.

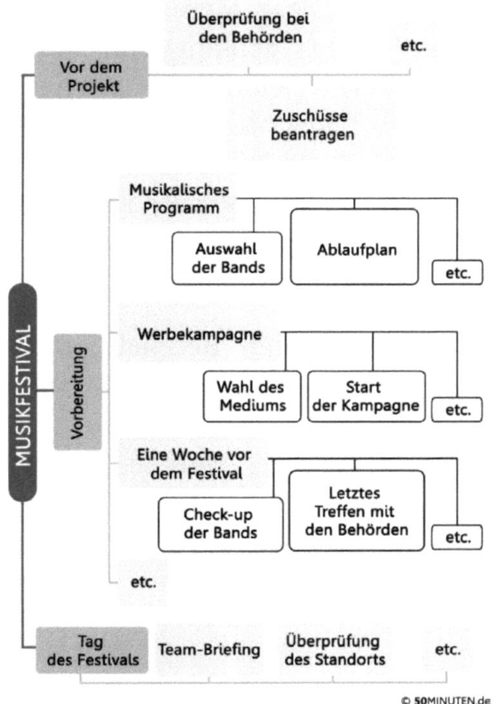

TIPP

Wenn Sie mehrere Organigramme erstellen, erlangen Sie verschiedene Sichtweisen auf das Projekt und somit einen besseren Überblick.

Manchmal ist es praktischer, eine einfache Liste anzulegen, weil das Organigramm viel Platz in Anspruch nehmen kann. Vergessen Sie jedoch nicht, jeder Aufgabe eine Kennnummer zu geben, damit Sie sie leicht wiederfinden.

1. Sicherheit

    1.1.   Genehmigung der Feuerwehr und Polizei

    1.2.   Genehmigung der Stadt

    1.3.   Anwesenheit des Roten Kreuz

        1.3.1.   Mögliche Unterkategorie

        1.3.2.   Mögliche Unter-Unterkategorie

2. Team und Ehrenamtliche

    2.1.   Einsatzzeiten der Ehrenamtlichen

    2.2.   Besondere Kleidung/Kennzeichen für das Team

    2.3.   etc.

3. etc.

Ressourcen analysieren

Bevor Sie zur Projektplanung kommen, ist ein weiterer wichtiger Schritt zu bewerten, inwieweit Ressourcen verfügbar sind. Nachdem Sie Ihr(e) Organigramm(e) erstellt haben, sollten Sie sich für jede Aufgabe die folgenden Fragen stellen:

- Welche Profile und Kompetenzen sind dafür nötig?
- Welches Material benötige ich?
- Wie viel Zeit sollte ich darauf verwenden?

Mithilfe dieser Fragen können Sie die benötigte Mitarbeiteranzahl ermitteln, kompetente Mitarbeiter finden und die Dauer Ihres Einsatzes für das Projekt kalkulieren, sowie sich eine Vorstellung vom benötigten Equipment machen.

Risiken identifizieren und angehen

Bei jedem Projekt besteht das Risiko, dass ein unvorhergesehenes Ereignis oder eine der Aufgaben eine reibungslose Durchführung verhindert. Wenn Sie sie allerdings schon im Vorhinein antizipieren, können Sie schneller reagieren, falls tatsächlich Schwierigkeiten auftreten.

Stellen Sie sich vor, dass Sie einen Bootsausflug planen, aber der Wetterbericht eine 40-prozentige Regenwahrscheinlichkeit vorhersagt: Machen Sie einen Notfallplan oder gehen Sie das Risiko ein und hoffen auf das Beste? Es kann sein, dass Sie dieses Mal kein Glück haben. Aus diesem Grund sollten Sie sich im Vorhinein fragen, was schieflaufen könnte und dann für jede Aufgabe mögliche Hindernisse aufschreiben. Notieren Sie ebenfalls die potenzielle Auswirkung auf das Projekt (Verspätung, Budgetüberschreitung, vollständige Annullierung) und machen Sie einen Alternativplan für das Worst-Case-Szenario.

Natürlich können Sie sich nicht auf alle Risiken vorbereiten. Deshalb sollten Sie Probleme nach der Wahrscheinlichkeit ihres Auftretens und ihrem Wirkungsgrad auf das Projekt klassifizieren. Sie können sie auf Basis Ihrer persönlichen Erfahrung einschätzen und/oder Experten konsultieren. Wann immer es möglich ist, sollten Sie sich aber auf Zahlen und Fakten stützen. Wenn beispielsweise ein Risiko nur eine 2-prozentige Chance hat aufzutreten und keine großen Konsequenzen nach sich zieht, bringt es keinerlei Mehrwert, Zeit und Geld in einen entsprechenden Plan B zu investieren. Umgekehrt sollte ein kritisches Problem, dessen Auftreten wahrscheinlich ist, aufmerksam untersucht werden. Bei Extremen kann die Entscheidung für Alternativen sehr schwierig sein, zum Beispiel wenn ein Problem eine große Auswirkung nach sich zöge, aber nur mit geringer Wahrscheinlichkeit auftritt, oder aber die Wahrscheinlichkeit des Auftretens groß ist, das Problem sich aber kaum auswirken würde.

Um einen Plan für das Krisenmanagement zu erstellen, listen Sie die Risiken in einer Tabelle auf, überlegen Sie sich für jede eine oder mehrere Notlösungen und antizipieren Sie Ihre Kosten (finanzielle, personale und zeitliche). Falls die Risiken zu hoch sind und unmöglich zu vermeiden, müssen Sie das gesamte Projekt eventuell überarbeiten.

TIPP

Wenn Sie das Risiko nicht verhindern oder abwenden können, kommt für Sie vielleicht eine Versicherung in Frage, die sich diesem Problem annimmt.

Projektplanung

Wenn Sie den Zeitplan erstellen, wollen Sie das Ziel natürlich so schnell wie möglich erreichen und gleichzeitig die Risiken so niedrig wie möglich halten. Trotzdem sollten Sie nichts überstürzen. Vor der Erstellung der Gesamtplanung sollten Sie:

- die Dauer jeder Aufgabe festlegen
- beobachten, in welchem Zusammenhang die Aufgaben miteinander stehen
- eine Reihenfolge festlegen, in der sie erledigt werden müssen

Um die Dauer einer Aufgabe zu errechnen, beschreiben Sie sie präzise und identifizieren Sie die Faktoren, die sie beeinflussen könnten. Wenn Sie also beispielsweise eine bestimmte Maschine brauchen, hat diese zweifelsfrei eine gewisse Produktionskapazität und ist nicht jederzeit verfügbar. Hinzu kommt, dass, auch wenn einige Aufgaben gleichzeitig bearbeitet werden können, andere von der Erledigung bestimmter Schritte abhängen. Daher ist es so wichtig, die Zusammenhänge zwischen den Aufgaben zu verstehen, um die Reihenfolge zu optimieren.

Um die Reihenfolge und die Verbindungen unter den Tätigkeiten besser visualisieren zu können, sollten Sie ein Netzwerkdiagramm verwenden. Stellen Sie sich vor, Sie müssten ein Seminar für das Personal Ihres Unternehmens vorbereiten. Sobald Ihr Vorgesetzter Ihre Idee genehmigt hat, sollten Sie mit den Vorbereitungen beginnen:

- Stellen Sie einen ersten Kontakt zu den Mitarbeitern her, um sich über ihre Verfügbarkeit zu erkundigen.
- Kontaktieren Sie mögliche Teilnehmer, um herauszufinden, ob auch diese verfügbar sind.
- Wählen Sie einen Termin (entsprechend der Antworten aus den ersten beiden Aufgaben).
- Reservieren Sie einen Raum (in unserem Beispiel steht Ihnen ein Raum innerhalb des Unternehmens zur Verfügung).
- Bereiten Sie die Tagesplanung vor:
  - Definieren Sie den Seminarinhalt mit den Referenten.
  - Erstellen Sie einen detaillierten Tagesablaufplan.
  - Planen Sie evtl. Mahlzeiten.
  - Bestellen Sie die benötigten Materialien.
- Verschicken Sie an die betroffenen Personen offizielle Einladungen.

- Richten Sie den Raum her (in unserem Beispiel ist es möglich, dies ein paar Tage vor dem Seminar zu tun, da sich der Raum im Unternehmen befindet).

Im Folgenden ist das Beispiel in einem Netzwerkdiagramm gezeigt. Wenn Sie ein Seminar für Ihr eigenes Unternehmen organisieren, kann es natürlich sein, dass die Fristen variieren (in unserem Beispiel geht der Projektleiter davon aus, dass es eine Woche dauert, bis ihm alle Mitarbeiter bezüglich ihrer Verfügbarkeit antworten), sowie die potenziellen Aufgaben und ihre Reihenfolge. Hier hat der Projektleiter auch das Glück einen Assistenten zu haben, der ihm dabei hilft, Aufgaben zu erledigen, die nicht simultan gemacht werden können.

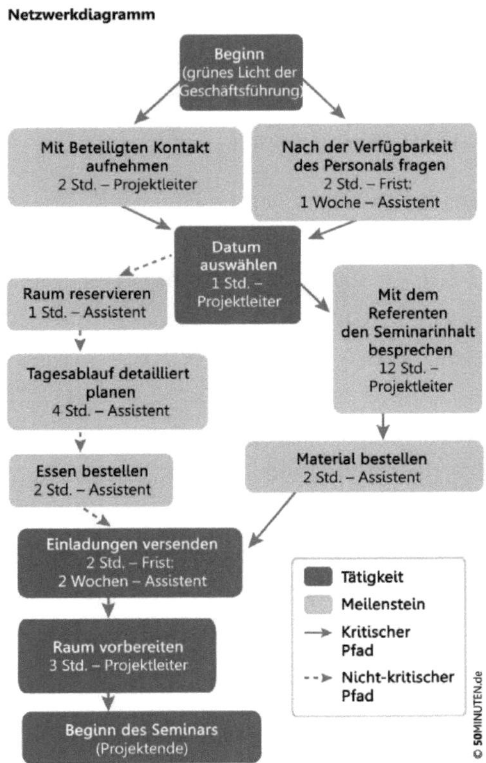

Dieses Schema zeigt mehrere wichtige Aspekte der Projektplanung:

- Manche Aufgaben sind durch andere bedingt. Denn so lange Sie zum Beispiel nicht die

Verfügbarkeit von jedem kennen, können Sie keinen Raum reservieren (bestenfalls können Sie einen vorreservieren).

- Einige Aufgaben sollten oder müssen parallel erledigt werden. So kann der Projektleiter die Tagesplanung und die Bestellungen an seinen Assistenten delegieren, während er selber die Inhalte mit dem Referenten bespricht.
- Der sogenannte kritische Pfad, der die Dauer der gesamten Abfolge der Aktivitäten von Projektbeginn bis -ende bezeichnet, muss unbedingt festgelegt werden. Dieser Pfad folgt daher den kritischen Aufgaben, bei denen sich jegliche Verspätung direkt auf die Deadline auswirkt. Im genannten Beispiel ist er mindestens 22 Stunden (wenn man die Dauer der einzelnen Aufgaben zusammenzählt) und drei Wochen (wenn man die notwendigen Deadlines bedenkt: Die offizielle Einladung muss beispielsweise zwei Wochen vor dem Seminar verschickt werden) lang.
- Der Spielraum zwischen bestimmten Aufgaben bezieht sich auf deren Dauer, die verändert werden kann, ohne dass Beginn oder Ende der nächsten Aufgabe oder des Gesamtprojekts beeinflusst wird. Der Projektleiter braucht

beispielsweise 12 Stunden, um an dem Seminarinhalt zu arbeiten, während dem Assistenten 7 Stunden (für die Tagesplanung und die Essenbestellungen) reichen. Er hat also einen Spielraum von 5 Stunden.

- Meilensteine sind Ereignisse, die selber nicht zwangsläufig Zeit in Anspruch nehmen (obwohl das in unserem Beispiel bei einem Meilenstein der Fall ist). Sie markieren das Erreichen wichtiger Zwischenziele in Ihrem Projekt.

Um die Planung abzuschließen, müssen Sie noch Fristen setzen, z. B. Start und Ende jeder Tätigkeit. Dafür können Sie ein Gantt-Diagramm nutzen, worin die Aufgaben aufgelistet werden, sowie ihre Dauer, Spielräume und Reihenfolgen.

Gantt-Diagramm

Projekt: Seminar organisieren					
Aufgaben	Woche 1	Woche 2	Woche 3	Woche 4	Tag X
Nach der Verfügbarkeit des Personals fragen	2 Std.				
Mit den Beteiligten Kontakt aufnehmen	2 Std.				
Datum auswählen		1 Std.			
Raum reservieren		1 Std.			
Mit dem Referenten den Seminarinhalt besprechen		12 Std.			
Tagesablauf detailliert planen		4 Std.			
Essen bestellen		2 Std.			
Material bestellen		2 Std.			
Einladungen versenden		2 Std.			
Raum vorbereiten				3 Std.	

Ein starkes Team zusammenstellen

Anhand des vorher erstellten Projektstrukturplans haben Sie die Kompetenzen identifiziert, die für Ihr Projekt von Nöten sind.

Für das Zusammenstellen eines Teams gibt es zwei Möglichkeiten: Entweder Sie können frei entscheiden, wen Sie gerne anstellen möchten (Externe), oder Sie müssen mit den Personen auskommen, die verfügbar sind (Interne).

Der erste Fall ist ideal, da Sie so die richtigen Profile und motivierte Personen finden können, während der zweite Fall dazu führen kann, dass Sie Mitarbeiter in Ihrem Team haben, die sich nicht für das Projekt interessieren. In der Realität werden Sie sich vermutlich irgendwo zwischen diesen beiden Situationen wiederfinden.

Egal aus welchen Menschen sich Ihr Team zusammensetzt, Sie sollten sich ausreichend Zeit nehmen, um sie zu treffen und mit ihnen zu sprechen. Überprüfen Sie ihre Kompetenzen und Motivation, um herauszufinden, ob sie für Ihr Projekt geeignet sind. Wenn Sie zufrieden sind, erkundigen Sie sich über ihre Verfügbarkeit: Werden Sie in Vollzeit an Ihrem Projekt arbeiten oder sind sie ebenfalls in andere Projekte eingebunden? Von wann bis wann haben sie Zeit?

Budget aufstellen

Das Budget setzt sich aus den geschätzten und addierten Kosten aller Tätigkeiten zusammen. Dazu gehören in erster Linie die direkten Kosten, wie:

- das Gehalt der Angestellten
- Gebühren (Transport, Miete etc.)
- Materialkosten

Wenn Sie jedoch den tatsächlichen Betrag abschätzen wollen, vergessen Sie nicht indirekte Kosten, wie:

- Verschleiß von Arbeitsmitteln des Unternehmens (z. B. Computer)
- Heizkosten, Stromkosten etc.

Diese Kosten müssen nicht immer einbezogen werden, weil sie meistens nicht speziell mit Ihrem Projekt verbunden sind (z. B. besitzt Ihr Unternehmen wahrscheinlich schon Computer). Erkundigen Sie sich bei der Finanzabteilung Ihres Unternehmens, ob diese Kosten in Ihrem Budget berücksichtigt werden sollten.

DURCHFÜHRUNG

Projektüberwachung

Wenn Sie Ihr Projekt ausreichend vorbereitet haben, ist es nun Ihre oberste Priorität dafür zu sorgen, dass alles wie geplant abläuft. Dafür sollten Sie den Fortschritt Ihres Projekts regelmäßig anhand der folgenden Elemente überprüfen:

- regelmäßige Auswertungssitzungen (höchstens alle zwei Wochen), um Bilanz zu ziehen
- Berichte von Teammitgliedern
- Ihr Berichtheft und persönliche Notizen

Tipp : Berichtheft

Bitten Sie Ihr Team darum, ein gemeinsames Berichtheft zu führen, in das sie alle erledigten Aufgaben eintragen, inklusive des Datums und geleisteter Stunden.

Zusätzlich sollten Sie jede Woche eine kurze Auswertung machen und sich dabei einige Schlüsselfragen stellen, nach denen Sie gegebenenfalls das weitere Vorgehen anpassen:

- Wurden die verschiedenen geplanten Aufgaben durchgeführt?
- Wird das Budget eingehalten?
- Sind Sie Ihrem Zeitplan voraus oder liegen Sie zurück?
- Sind Probleme eingetreten, die Sie antizipiert hatten?

Versichern Sie sich, dass jeder den genauen Kontext der laufenden Aufgaben kennt und dass diese dem Plan gemäß durchgeführt werden. Seien Sie besonders aufmerksam, wenn das (vorgesehene) Ende einer Aufgabe bevorsteht, insbesondere, wenn es sich um den kritischen Pfad handelt: Denken Sie daran, dass sich jede Verspätung auf das gesamte Projekt auswirkt!

Nach dieser Analyse läuft entweder alles wie geplant – machen Sie in diesem Fall so weiter! – oder Sie bemerken, dass der Plan nicht eingehalten wird und Probleme aufgetreten sind. In diesem Fall müssen Sie handeln, um das Projekt wieder zum Laufen zu bringen.

- Lokalisieren Sie das Problem: Wodurch wurde das Budget oder eine Frist überschritten? Was hat Sie dazu veranlasst, eine Aufgabe nicht zu machen oder zu ersetzen?
- Unternehmen Sie Korrekturmaßnahmen: Sie sollten schnell handeln, um Ihrem Projekt nicht weiter zu schaden. Trotzdem können Sie nicht in allen Fällen die Schäden reparieren. Wenn Ihr Lieferant beispielsweise benötigte Teile zu spät liefert und das Ihren kritischen Pfad betrifft, können Sie leider nichts dagegen tun.
- Stellen Sie sicher, dass es sich nicht wiederholt und berücksichtigen Sie dabei die Art des Problems. Wenn es sich um einen einmaligen Vorfall handelt (vergessen, Unaufmerksamkeit etc.), sollten Sie versuchen die Ursache zu verstehen (technisches Problem oder menschlicher Fehler) und sich mögliche Maßnahmen überlegen (kontaktieren Sie die betroffene

Person, benutzen Sie anderes Material etc.). Wenn es sich um ein wiederkehrendes Problem handelt (ein Problem im Prozess), sollten Sie sich Zeit nehmen, um es zu analysieren und gemeinsam mit Ihrem Team eine nachhaltige Lösung zu erarbeiten.

Achtung: Wenn Sie etwas am Projekt korrigieren oder ändern, sagen Sie Ihren Mitarbeitern Bescheid und befragen Sie sie vorher, damit sie sich weiterhin einbezogen fühlen!

Teammanagement

Die Art und Weise, wie Sie Ihr Team leiten, ist ausschlaggebend für den Erfolg Ihres Projekts. Eine schlechte Stimmung und fehlende Abstimmung im Team können die effiziente Durchführung der Aufgaben gefährden. Achten Sie daher auf die folgenden Punkte:

- Leiten Sie Ihr Team bis zum Projektende. Wie ein Schiffskapitän halten Sie bei Wind und Wetter Kurs, denn Ihr Team muss auch in Notsituationen auf Sie zählen können.
- Stellen Sie eine angemessene Arbeitsatmosphäre her. Sie können mithilfe von

Teambildungsmaßnahmen die Risiken für Spannungen untereinander minimieren (organisieren Sie parallel zu den Arbeitstreffen eine oder mehrere kleine Aktivitäten, durch die sich die Mitarbeiter besser kennenlernen und lernen zusammenzuarbeiten). Außerdem ist es förderlich, die Rollen und Verantwortlichkeiten jedes einzelnen klar zu definieren und für alle bekannt zu machen.

> Ich habe an einem großen Kulturprojekt gearbeitet, bei dem verschiedene Szenen draußen aufgeführt wurden. Bei diesem Projekt waren die Aufgaben nicht klar verteilt. Ich war zum Beispiel für die generelle Logistik verantwortlich, aber musste mich auch um einige Kulissen kümmern (was eigentlich die Aufgabe der Bühnenbildnerin ist). An einem Samstagabend ist uns aufgefallen, dass uns für die Aufführung am nächsten Tag eine Tribüne fehlte. Die Bühnenbildnerin und ich dachten beide, dass sich der jeweils andere darum gekümmert hätte... (Louis, Projektleiter/Regisseur)

• Definieren Sie „Regeln für ein besseres Miteinander". Wie sieht die tägliche Arbeit aus? Wie laufen Meetings ab? Stecken Sie einen Rahmen ab und, wenn möglich, beziehen Sie Ihr Team bei diesem Vorgehen mit ein.

Während meines Studiums habe ich bei einem Festival für Dokumentarfilme mit anderen Jugendlichen teilgenommen. Unser Betreuer hat uns vorgeschlagen, gemeinsam eine Charta aufzustellen. Darin haben wir unsere Verpflichtungen und Verhaltensweisen während Meetings festgehalten. Weil wir die Regeln selbst mitaufgestellt haben, waren wir eher bereit, uns an sie zu halten, als wenn sie uns von jemand anderem vorgeschrieben worden wären. (Luisa, Eventveranstalterin)

- Gegenseitiges Vertrauen fördern
- Ihre Motivation aufrechterhalten: Es ist immer das gleiche Lied; in den ersten paaren Wochen fühlen Sie sich, als könnten Sie Berge versetzen; danach stellt sich die Routine ein und die Motivation schwindet, selbst wenn die Begeisterung für Ihr Projekt bestehen bleibt.

TIPP: MOTIVATION

Um den Enthusiasmus Ihres Teams aufrecht zu erhalten:

- Betonen Sie regelmäßig die positiven Aspekte, die das Projekt für das Unternehmen und das Team hat.

- Kommunizieren Sie dem Team regelmäßig den neusten Stand der Entwicklung. Man ist immer motivierter, wenn man konkrete Ergebnisse seiner Arbeit sieht.
- Involvieren Sie Ihr Team, in dem Sie Ihre Mitarbeiter nach ihrer Meinung zu Risiken, Ideen, Lösungen etc. fragen.
- Loben Sie Mitarbeiter nach dem Erreichen jedes Ziels.

Kommunikation: ein essentielles Hilfsmittel

Nicht nur Sie sollten immer einen klaren Überblick über den Fortschritt des Projekts haben, dasselbe gilt auch für Ihr Team. Es ist deshalb von großer Bedeutung für die Gruppe, ein effizientes Kommunikationssystem zu etablieren, sowie alle Dokumente frei zur Verfügung zu stellen (Berichte etc.), sodass alle Beteiligten über den Fortschritt Bescheid wissen.

Die Kommunikationsart hängt vom Zweck der Botschaft und dem Nachrichtenempfänger ab. Beide Aspekte bestimmen die Wahl des Mediums, den Informationstyp und seinen

Vertraulichkeitsgrad: Während ein Lieferant über jede kleine Änderung auf dem Laufenden gehalten werden muss, die seine Arbeit beeinflussen könnte, gehen ihn interne Probleme nichts an. Passen Sie Ihr Kommunikationsmedium an die jeweilige Situation an:

- **Meetings** ermöglichen, alle betroffenen Personen zusammenzubringen und um einen Tisch herum zu diskutieren (der bei einer Videokonferenz auch virtuell sein kann). Unterschätzen Sie nicht die Bedeutung des schriftlichen Berichts des Meetings, durch den erst offiziell wird, was gesagt oder entschieden wurde.
- **E-Mails** werden heutzutage am häufigsten benutzt, weil sie schnell übertragen werden können. Sie helfen, alles schriftlich festzuhalten, und können in den Postfächern effizient verwaltet werden.
- **Berichte** dienen dazu, Informationen zu bestätigen und eine bestimmte Situation zusammenzufassen. Ihr einziger Nachteil ist, dass sie nur eine Sichtweise zeigen. Die Kommunikation verläuft vom Berichterstatter zum Leser, ohne dass Letzterer intervenieren

kann. Deshalb ist es hilfreich, einen Bericht mit verbalen Erklärungen zu kombinieren (Meeting, Diskussion etc.).

- **Informelle Gespräche** sind spontane Informationsaustausche (telefonisch, vor der Kaffeemaschine etc.). Achten Sie darauf, dass Sie wichtige Informationen immer offiziell und schriftlich bestätigen, die Ihnen auf diesem Weg übermittelt wurden (per E-Mail).

> Um noch einmal auf das Projekt mit den im Freien aufgeführten Szenen zurückzukommen; viele Informationen und Planänderungen wurden nur bei informellen Besprechungen mitgeteilt, wobei nicht immer alle Verantwortlichen anwesend waren. Außerdem wurde das, was besprochen wurde, nicht immer in die Online-Dokumentation hochgeladen und der Projektleiter hat sich auch nicht vergewissert, dass die Information bei allen angekommen ist. Deshalb kam es häufig vor, dass so mancher Verantwortlicher wichtige Planänderungen erst viel später erfuhr. (Fortsetzung von Louis' Erfahrungsbericht)

Wenn es um die Wahl des richtigen Kommunikationsmittels geht, sollten Sie die Vor- und Nachteile mündlicher und schriftlicher

Kommunikation abwägen. In einem persönlichen Gespräch können Sie sich im Gegensatz zu einem schriftlichen Medium direkt versichern, dass Ihre Botschaft richtig aufgenommen wurde. Verschriftlichen Sie also immer, was in informellen Meetings oder Gesprächen gesagt wurde.

Lieferung/Übergabe

Das Projekt gilt erst dann als beendet, wenn auch die letzte durchzuführende Arbeit an den Kunden ausgehändigt wurde, natürlich in Übereinstimmung mit dem Pflichtenheft. Lassen Sie sich eine offizielle schriftliche Bestätigung der Lieferung geben. Auf Ihrer Seite steht jetzt nur noch der administrative Teil an (Bericht/Bilanz etc.) und die Bilanz abzuschließen. Diese beiden Aspekte markieren das Ende Ihres Projekts. Wenn sie erledigt sind, ist es oftmals sehr verlockend, die Champagnerkorken knallen zu lassen, ohne sich großartig mit den lästigen Aufgaben wie abschließenden Analysen und Auswertungen zu befassen. Allerdings können Sie gerade aus diesen sehr viel für Ihre nächsten

Herausforderungen lernen!

Finale Auswertung

Das Ziel dieser Phase ist es, eine Bilanz aus dem gesamten Projekt zu ziehen. Stützen Sie sich dafür auf all Ihre Dokumente:

- die Dokumente der Vorbereitungsphase (Zeitplan, Zahlungsplan etc.), wodurch Sie die Ergebnisse mit den Ausgangserwartungen vergleichen können
- die Dokumente der Durchführungsphase (Ihr Berichtheft, die regelmäßigen Auswertungen, Berichte etc.) mithilfe derer Sie sehen können, warum das Projekt so erfolgreich abgewickelt werden konnte...oder auch nicht.
- Das Feedback des Kunden

Stellen Sie sich neben der Auswertung der Dokumente die folgenden Fragen:

- Wurden alle Ziele erreicht?
- Wurde der Zeitplan eingehalten?
- Wurde das Budget eingehalten?
- Wie habe ich mein Team geleitet?

- Wie wurde mit Unerwartetem und Problemen umgegangen?

Führen Sie eine Analyse durch und organisieren Sie (letzte) Meetings, um Ihre Ergebnisse zu besprechen.

- Treffen Sie sich mit Ihrem Kunden und sprechen Sie über seine Zufriedenheit. Bitten Sie ihn auch um schriftliches Feedback.
- Organisieren Sie ein Teammeeting, um eine Bilanz zu ziehen und das Projekt abzuschließen.
- Fassen Sie Ihre Auswertung für Ihre Vorgesetzten zusammen.

Wie bei jedem anderen Schritt auch, sollten Sie sich Ihre Schlussfolgerungen von allen Beteiligten bestätigen lassen.

<u>To Do</u>

Geben Sie Ihrem Team vor der Auswertung etwas Zeit, um durchzuatmen... aber nicht mehr als zwei Wochen! Dann werden sie vermutlich in einem neuen Projekt eingebunden sein und vielleicht für Sie wichtige Informationen vergessen haben.

TOP TIPPS

- **Behalten Sie das Ziel immer im Auge**. Vielleicht erscheint Ihnen das offensichtlich, aber bei einem großen Projekt, das über mehrere Monate andauert und zahlreiche Personen involviert sowie einige Zwischenziele, kann man das Ziel schon mal aus den Augen verlieren. Vergessen Sie zudem niemals, dass der Kunde König ist: Wenn die Auftraggeber Änderungen am Projekt vornehmen wollen, ist es Ihre Pflicht Ihnen zuzuhören!
- **Nehmen Sie sich Zeit für das Aufteilen der Arbeit**. Wenn Sie mit einem komplexen Problem konfrontiert sind, sollten Sie einen kühlen Kopf bewahren und sich den Durchblick verschaffen. Dabei hilft es, das Problem in seine Einzelteile zu zerlegen und diese nacheinander abzuarbeiten.
- **Sie müssen nicht für jedes Projekt das Rad neu erfinden.** Bauen Sie auf Ihre Erfahrungen und die der anderen. Fragen Sie auch Kollegen und Experten um Rat. Achtung: Dies bedeutet aber nicht, dass Sie die Vorbereitungsphase

überspringen können. „Ich habe es bereits einmal gemacht, also weiß ich, was zu tun ist" ist der schlimmste Fehler, den Sie machen können.

- **Antizipieren Sie!** Ein guter Projektleiter ist immer einen Schritt voraus. Auch wenn Ihnen unerwartete Ereignisse unmöglich erspart bleiben, können Sie Probleme frühzeitig antizipieren und Lösungsmöglichkeiten erarbeiten. Wenn etwas eintritt, dass Sie nicht vorhersehen konnten, lösen Sie Schwierigkeiten direkt und forschen Sie nach der Ursache, damit sie sich nicht wiederholen.
- **Alles eine Frage der Kommunikation**: Ein minutiös geplantes Projekt kann ganz schnell scheitern, wenn eine Änderung der zuständigen Person nicht kommuniziert wurde. Merken Sie sich diese goldene Regel: Bei jeder Änderung müssen die betroffenen Personen unverzüglich informiert werden. Bei großen Änderungen ist natürlich auch das Einverständnis des Kunden nötig.
- **Seien Sie immer über den Projektfortschritt auf dem Laufenden**, ebenso wie über erledigte und unerledigte Aufgaben und das Budget. Hierzu sollten Sie eine wöchentliche Bilanz

ziehen und sich notieren, welche Aspekte Probleme bereiten. Ihre erste Aufgabe in der folgenden Woche besteht dann darin, diese zu lösen.

- **Beherrschen Sie die Hilfsmittel des Projektmanagements**. Für Projekte im Unternehmen nutzen Sie wahrscheinlich eine Projektmanagement-Software wie Microsoft Project. Wenn Sie diese bestens beherrschen, können Sie wertvolle Zeit sparen. Es wird sich schon bei kleineren Projekten auszahlen.

ZUSATZINFORMATION: PROJEKTMANAGEMENT-SOFTWARES

Es gibt zahlreiche unterschiedliche Projekt-management-Softwares. Ihre Wahl sollte deshalb von den Funktionen, die Sie brauchen, der Unternehmensgröße, der Häufigkeit der Nutzung und von Ihrem Budget abhängig sein. Wie bei jeder anderen Software gibt es proprietäre Lizenzen aber auch Gratisversionen. Wenn Sie eine Software aussuchen, denken Sie auch an die anderen Nutzer (Ihre Angestellten): Es bringt nichts, eine teure, komplizierte Software zu kaufen, wenn niemand damit umgehen kann.

- **AtTask** (proprietäre Lizenz) ist eine der umfassendsten Softwares und auch für große Unternehmen geeignet.
- **Basecamp** (proprietäre Lizenz) ist eine sehr simple und beliebte Software. Es ist beispielsweise möglich, mit verschiedenen Personen, die am Projekt beteiligt sind, zu kommunizieren.
- **Collabtive** (Open Source) ist die kostenlose Alternative zu Basecamp und eher für KMUs geeignet.
- **Ganttproject** (Open Source) ist ein grundständiges Programm, mithilfe dessen man seine Projekte in der Form eines Gantt-Diagramms planen kann. Die Nutzung ist einfach, aber recht begrenzt.
- **Trello** ist ein neueres Programm, das von immer mehr Menschen genutzt wird. Projekte werden in Spalten organisiert, die Listen mit verschiedenen Karten enthalten, wobei jede für eine Aufgabe steht. Es gibt eine kostenpflichtige und eine kostenlose Version.
- **Wrike** ist eine sehr nützliche Software, die als einer der Marktführer gilt. Nutzer können unter anderem Projekte organi-

sieren und verfolgen, sowie Fristen und Zeitpläne einsehen. Auch hiervon gibt es sowohl eine kostenpflichtige als auch eine kostenlose Version.

- **Organisieren Sie ein „Treffen unter vier Augen"** von der Vorbereitung bis zur Durchführungsphase. Sie fassen den Ablauf des Projekts zusammen und versichern sich, dass er für jeden klar ist.
- **Delegieren Sie!** Der Projektleiter ist wie ein Dirigent. Vertrauen Sie Ihren Angestellten und beziehen Sie sie so weit wie möglich in das Projekt ein, denn dadurch wird ihre Motivation und Leistungsfähigkeit gestärkt. Außerdem können Sie nicht gleichzeitig an allen Fronten kämpfen, da Sie sonst riskieren, Fehler zu begehen.

FAQ

HABEN ALLE PROJEKTLEITER DIE GLEICHEN AUFGABEN?

Nein, die Rolle kann von Mal zu Mal unterschiedlich sein, auch in Abhängigkeit vom Unternehmen. Bevor Sie mit einem Projekt loslegen, müssen Sie Ihren Auftrag präzise definieren und schriftlich festhalten, um Unklarheiten zu vermeiden. Seien Sie bei Ihren Verantwortlichkeiten besonders aufmerksam bezüglich:

- der Ziele
- der Aufstellung des Budgets
- des Zeitplans
- der Freiheiten, die Sie beim Zusammenstellen Ihres Teams haben (intern, extern oder gemischt)
- der Grenzen Ihrer Befugnis, also wem Sie untergestellt sind

WIE VIEL ZEIT SOLLTE ICH DER VORBEREITUNG, DURCHFÜHRUNG UND NACHBEREITUNG WIDMEN?

Planen Sie 2/3 der Zeit für die Durchführung ein und 1/3 für Vor- und Nachbereitung. Ein Drittel mag vielleicht (zu) viel erscheinen, aber denken Sie daran, dass die Tage, die Sie diesen beiden Phasen widmen, sich langfristig auszahlen werden.

WAS IST, WENN DAS BUDGET ODER DIE FRISTEN NICHT EINGEHALTEN WERDEN KÖNNEN?

Jedes Projekt kann in einem Dreieck dargestellt werden, mit Kosten, Fristen und Qualität in den Ecken. Der Traum jedes Projektleiters ist die unbegrenzte Verfügbarkeit von Budget und Zeit, um die bestmögliche Qualität zu erreichen.

In der Realität sind Ihrem Handeln jedoch gewisse Grenzen gesetzt, weswegen Sie ein oder zwei Ecken des Dreiecks priorisieren müssen. Stellen Sie sich beispielsweise vor, dass Sie nur über ein knappes Budget verfügen. Nachdem Sie alle Möglichkeiten durchgegangen sind, bleibt Ihnen nichts anderes übrig, als Ihr Team zu verkleinern (wodurch sich die Lieferzeit verlängert). Wenn Sie eine bestimmte Deadline nicht überschreiten dürfen, müssen Sie Ihre Ziele nochmal überarbeiten. Falls Sie sich in einer solchen Situation wiederfinden, informieren Sie Ihren Vorgesetzten, argumentieren Sie für die Lösung, die Sie am besten finden, und akzeptieren Sie dann die endgültige Entscheidung. Wenn Sie merken, dass das Projekt nicht zu schaffen ist, können Sie die Projektleitung auch abgegeben. Doch auch das ist eine schwierige Entscheidung.

IST ES MÖGLICH, MEHRERE PROJEKTE GLEICHZEITIG ZU MANAGEN?

In der Theorie ist es am besten, sich nur einem Projekt auf einmal zu widmen, aber die Praxis sieht oftmals anders aus. Meistens haben Sie keine Wahl: Möglicherweise müssen Sie verschiedene Projekte gleichzeitig managen, sei es aus organisatorischen, finanziellen oder anderen Gründen. Es kann auch vorkommen, dass langfristige Projekte zwischendurch ruhigere Phasen haben, während denen Sie etwas freie

Zeit haben. Das Wichtigste, wenn Sie mehrere Projekte gleichzeitig managen, ist jedoch, dass Sie die Projekte untereinander und die jeweiligen Aufgaben in ihnen priorisieren.

WIE GEHE ICH AM BESTEN VOR, WENN ICH KURZFRISTIG DIE PROJEKTFÜHRUNG ÜBERNEHME?

Es kann vorkommen, dass Sie kurzfristig darum gebeten werden, einen Projektleiter zu ersetzen. Theoretisch sollte es einen Notfallplan für so eine Situation geben: Der Nachfolger ist meistens entweder der Assistent des ehemaligen Projektleiters oder eine andere erfahrene Person, die evtl. bereits ein ähnliches Projekt gemanagt hat.

Wenn Sie vorher nicht an dem Projekt gearbeitet haben, müssen Sie zunächst alle verfügbaren Dokumente durchgehen, angefangen mit denen aus der Vorbereitungsphase. Danach müssen Sie ein Meeting mit allen Unterchefs (oder allen Teammitgliedern) organisieren, in dem Sie sich vorstellen, mögliche Änderungen im Arbeitsablauf ankündigen und am allerwichtigsten, den Berichten jeder Abteilung zuhören.

WIE DELEGIERE ICH ARBEIT?

Ein guter Projektleiter zu sein, bedeutet auch, seinen Mitarbeitern bestimmte Aufgaben anzuvertrauen, damit man sich auf das Wesentliche konzentrieren kann. Beim Delegieren sollten Sie die Macht, die Sie übertragen, klar definieren (Dürfen die Mitarbeiter Bestellungen tätigen? Wenn ja, bis zu welchem Budget?) und eindeutige Anweisungen zu der Aufgabe und ihrer Frist geben. Schlussendlich sollten Sie die Person, an die Sie etwas delegieren, motivieren, ihr sagen, dass Sie ihr vertrauen und im Gegenzug aber auch volles Engagement erwarten. Kommunizieren Sie regelmäßig mit der Person, um zu überprüfen, dass alles glatt läuft.

JETZT SIND SIE GEFRAGT!

Bevor Sie sich in das Projekt stürzen, vergewissern Sie sich, dass die folgenden Punkte erledigt sind.

:ckliste für die Projektvorbereitung

	✓
herstellen, dass Sie grünes ht haben:	
h habe den Bedarf identifiziert, en mein Projekt deckt	
h habe mit der Unternehmensführung nd dem Kunden ein Pflichtenheft rstellt und meine Verantwortlichkeiten nd klar definiert	
h habe überprüft, dass mein Projekt iit den Zielen und Werten es Unternehmens übereinstimmt.	
h habe mich von der Machbarkeit es Projekts überzeugt.	
h habe die (internen und externen) lauptakteure des Projekts identifiziert.	

<table>
<tr><td></td><td>✓</td></tr>
</table>

Ein starkes Team zusammenstellen:

- Ich habe die Teammitglieder hinsichtlich ihrer Kompetenzen, Motivation und Verfügbarkeit ausgewählt.

- Ich habe interne Regeln für die Zusammenarbeit aufgestellt.

- Ich habe mein Team ab der Vorbereitungsphase mit eingebunden.

- Ich habe ein Treffen für die Teammitglieder organisiert, um eine gute Arbeitsatmosphäre zu kreieren.

- Ich habe die Verantwortlichkeiten jedes einzelnen sowie eine Hierarchie etabliert.

Checkliste für die Projektvorbereitung
(Fortsetzung)

	✓
Budget aufstellen: • Ich habe die Kosten jeder Aufgabe evaluiert. • Ich habe direkte und indirekte Kosten miteinberechnet. • Ich habe Kontakt zur Finanzabteilung meines Unternehmens aufgenommen.	
Risiken antizipieren: • Ich habe mögliche Risiken aufgelistet und hierarchisiert. • Ich habe einen Krisenplan für diese Risiken erstellt.	
Auswertung des Projekts: • Ich habe für jedes Ziel eine Auswertungsweise festgelegt. • Ich habe ein System für regelmäßige Auswertungen eingerichtet.	

Checkliste für die Projektvorbereitung (Fortsetzung)

	✓
Projektplanung: • Ich habe mein Projekt in Zwischenziele unterteilt und die zu erledigen Aufgaben identifiziert. • Ich habe die Aufgaben in Form einer Tabelle oder eines Organigramms hierarchisiert. • Ich habe die benötigten finanziellen, personalen und materiellen Ressourcen bestimmt. • Ich habe die Dauer jeder Aufgabe eingeschätzt. • Ich habe definiert, wie die Aufgaben in Beziehung stehen. • Ich habe mein Netzwerkdiagramm und meinen Zeitplan aufgestellt.	

	✓
Vor der Durchführung: • Ich habe mir meinen Plan und meine Entscheidungen von allen Beteiligten (Kunde, Unternehmensführung, Team, Lieferant, Partner) bestätigen lassen. • Ich habe ein Meeting mit meinem Team abgehalten und ein letztes Mal den Projektablauf besprochen.	

Ihre Meinung ist uns wichtig!
Hinterlassen Sie doch einen Kommentar auf der
Seite unserer Online-Buchhandlung
und teilen Sie Ihre Favoriten in den sozialen
Netzwerken!

DARÜBER HINAUS

LITERATURVERZEICHNIS

- Bruce, Andy; Langdon, Ken: *Développer un projet. 101 trucs et conseils.* Éditions Mango: Paris 2001.

- Davidson, Jeff: *Vous devez gérer un projet?.* Village Mondial: Paris 2001.

- Muller, Jean-Louis G.: *Management de projet.* AFNOR: Paris 2005.

- Portney, Stanley E.; Sage, Sandrine: *La gestion de projet pour les nuls.* Éditions First: Paris 2011.

- Vallet, Gilles: *Réussir son management de projet.* Dunod: Paris 2012.

WEITERFÜHRENDE LITERATUR

- Homepage der Deutschen Gesellschaft für Projektmanagement e. V. https://www.gpm-ipma.de/startseite.html (18.01.2019).

- Wyllie, Diego; Lohmann, Simon: „Die besten Projektmanagement-Tools" (13.11.2017). In: *computerwoche.de.* https://www.computerwoche.de/a/die-bes-ten-projektmanagement-tools,2364604 (18.01.2019).

MEHR AUF 50MINUTEN.DE

- Aussant, Isabelle: *Effiziente Arbeitsorganisation. Tipps für mehr Profuktivität und weniger Prolkrastination.* Aus dem Französischen von Leonie Kremer. Plurilingua Publishing: Brüssel 2019.

- Bronckart, Véronique: *Konstrukstives Feedback. Tipps zum Geben und Empfangen von konstruktiver Kritik.* Aus dem Französischen von Leonie Kremer. Plurilingua Publishing: Brüssel 2019.

- Delers, Antoine; Van Steenkiste, Isabelle: *Das Pareto-Prinzip. Die 80/20-Regel.* Aus dem Französischen von Mareike Lobrecht. Plurilingua Publishing: Brüssel 2018.

50MINUTEN.de
Geschichte
Business
Für die Arbeitswelt
Non-Fiction kompakt
Gesundheit & Wellness
Kunst und Literatur
DAS PARETO-PRINZIP
Die 80/20-Regel
Gesamtaufwand
Ergebnisse
20%
80%
80%
20%
Wichtig
Unwichtig
Business 50MINUTEN.de
DAS CANVAS-BUSINESSMODELL
WERTANGEBOT
50MINUTEN.de
DIE SWOT-ANALYSE
50MINUTEN.de
SCHMÖKERN SIE SICH SCHLAU!
www.50Minuten.de

www.50Minuten.de

ISBN digitale Ausgabe: 9782808013987

ISBN gedruckte Ausgabe: 9782808013994

Pflichtexemplar: D/2018/12603/458

Cover: © Plurilingua

Digitale Aufbereitung: Primento, der digitale Partner der Herausgeber